JN082523

文・絵：**チョ・ギョンギュ**　写真：**パン・ヒョンソン**
訳：**こまつようこ、チャ・ジヨン**

今日もニャムニャムニャム

ソウルのおいしい定番ごはん案内

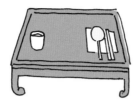

日本のみなさん、こんにちは。
ソウルで生まれ、ソウルに住んでいる
漫画家のチョ・ギョンギュです。
お会いできて嬉しいです。

この本は
私が愛してやまないソウルの食堂と食べ物の話が
ぎっしり詰まった秘密のガイドブックであり
みなさんへの招待状です。

今日もおいしくニャムニャムニャム〜

チョ・ギョンギュ

※ニャムニャムニャム＝日本語でいう「モグモグモグ」のような、食べる時の韓国語の擬態語

※100ウォンは約11.5円です。
※掲載したお店の営業時間、定休日、価格などは
　2024年5月末時点の内容です。
　住所は漢字で表記しています。ハングルは割愛
　しておりますのでご了承ください。

目次

※マッチプ＝おいしい店

今日もニャムニャムニャム

第1話：延南洞（ヨン ナム ドン）
　　　カムナム屋 運転手食堂

いつものでいい？

うん

豚プルコギ定食
2人前
お願いします

18,000
ウォンです

先にお会計するから
好きな席に座って
待ってて

うん

ここは延南洞にある食堂で
我が家から徒歩10分のところにある

감나무집
기사식당

ここを知ることができたのは
アーティストの友人、Sasa［44］氏の
おかげだ

僕と
ちょー
ソックリ

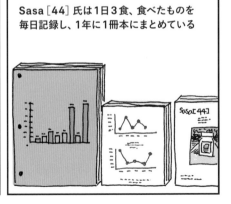

Sasa［44］氏は1日3食、食べたものを
毎日記録し、1年に1冊本にまとめている

Sasa［44］

2016年に出た
本を見ると
ほとんど毎朝
ここで食べてるんだ

この前も朝
食べにきたら
会ったよね

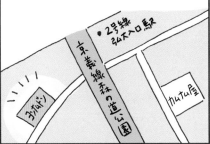

以前、僕たち夫婦が通っていた豚プルコギ
の店〈ヨンナムドン豚焼き定食※〉は
我が家から歩いて20分のところにあり

お店の雰囲気や豚プルコギの味、おかずと
ご飯が食べ放題である点は
〈カムナム屋〉と似ているのだが

〈ヨンナムドン豚焼き定食〉では
肉の量をさまざまな方法で
注文することができ

豚プルコギ 9,000
豚プルコギ大盛り 12,000
肉追加 6,000
豚プルコギおつまみ 20,000

キムチチゲと豚プルコギ1人前に
肉だけ1皿追加すれば

ラーメン

ぐつ

ぐつ

2人でお腹いっぱい食べるのにちょうど
良い量になるのだ

※現在は閉業

一方、〈カムナム屋〉は、肉だけ別に
追加することができないため
他のメニューと一緒に注文することは
できないが

この店だけのスペシャルがいくつかある

豚プルコギ２人前です

はい

豚プルコギ

サバの煮付け

豆腐チゲ

イカ炒め

味付けガニ

鶏肉の炒め煮

焼き魚

鶏肉の炒め煮と豆腐チゲも
うまそうなんだけど

いただきまーす

조경규 2021. 7.

まず、煮干しダシのきいたミニそうめんは
食べる楽しみがけっこうある

Sasa［44］氏の表現を借りて言えば

う〜ん
今日の
麺の茹で具合
いいんじゃない
たまに麺が
かたいことも
あるけどね

1人にひとつ、目玉焼きがつくのも
ありがたき。
冷めているのはご愛嬌

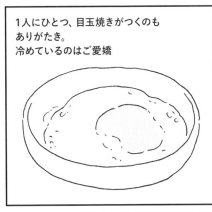

ピリ辛豆腐煮込みは
この店に来る理由のひとつ

おかわり必須の
一品なのだ。
もう1皿
絶対に食べるべし

熱々だから
さらに
おいしい！

しかし、なんと言っても
この店の主役は

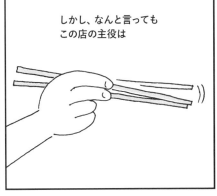

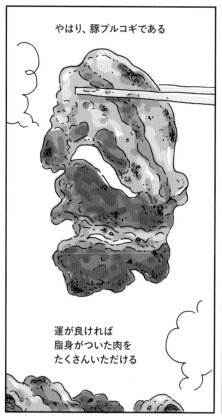

やはり、豚プルコギである

運が良ければ
脂身がついた肉を
たくさんいただける

サンチュに肉をのせて

キムチと大根なますに、サムジャン※とご飯

もぐもぐもぐ

※サムジャン＝韓国の合わせ味噌

一番おいしそうな肉を
ひと切れご飯の上にのせて

もぐもぐ

もぐもぐ

僕がサンチュとなますを
おかわりしに行っている間

脂身が苦手な妻は、脂のついた肉を選んで
僕の肉と交換してくれる

豆腐煮込みも
ちょっと
もらってきたよ

サンキュー

どうぞ

僕ってほんと、ラッキーな男だ

うまそう

食後のデザートには乾パンが無料〜

金平糖は
入ってない
けど
おいしい

ポリ
ポリ

カムナム屋 運転手食堂

감나무집 기사식당

カムナムチプ キサシクタン

住所：麻浦区延南路25
電話：02-325-8727　営業時間：24時間／無休

1 僕はサンチュにご飯、キムチ、大根なます、サムジャ
ン、そして肉をのせて食べるのが好き。生のニンニク
は見栄えとして少しのせてみた。僕はまだ生のニンニ
クが食べられない。

2 ピリ辛イカ炒め。Sasa [44] 氏曰く、2人なら、豚焼
肉とイカ炒めを1人前ずつ注文するとのこと。最近も
ほぼ毎朝訪れるという。

3 豆腐チゲとは言うけれど、キムチチゲに豆腐が入っ
ているもの。豚肉も入っている。さらに1,000ウォン
払えばスパムも何切れか入れてくれる。

4 広い駐車場だが、いつもタクシーで満車状態だ。で
も、駐車係の人がいるので、心配はいらない。

今日もニャムニャムニャム

第2話：狎鴎亭洞（アック ジョンドン）
ハンソル冷麺

カロスキルの〈オリジナルパンケーキハウス〉でブランチをたらふく食べ

歩いている途中、あまりの暑さに
薬局でエナジードリンクを買って
飲んだ直後のことだった

実は約束が
あって

急に
何の約束?

え、あ
ちょっと
寄ってから
帰ろうかと

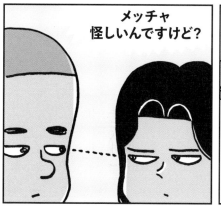

メッチャ
怪しいんですけど?

本当に
何なのよ?

いや、別に
大した
ことじゃ

そして約15分後、我々の目の前には〈ハンソル冷麺〉の水冷麺が
ひとつずつ置かれていた

酢と辛子を少しずつ入れて

これ、君が
いつも話してた
思い出の
冷麺でしょ?

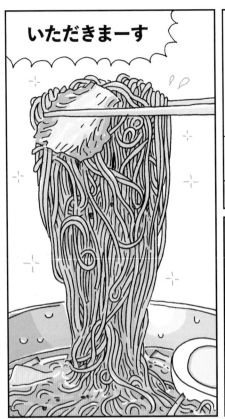

いただきまーす

ズルズルズルズルー

ゴクゴク

ゴクゴク

両親が北朝鮮生まれのため
僕は子どもの頃から
平壌冷麺を食べてきた

う〜ん

オルガリ
白菜※の
浅漬けも
入ってる

※オルガリ白菜＝晩秋から冬に植える白菜

狎鴎亭洞（アックジョンドン）で生まれ育った姉妹にとって
この店の冷麺が故郷の味なのだ

これ
これ！
まさに
この
味〜

シコシコとコシのある細麺に甘酸っぱい
ダシ汁、これぞ"ソウル冷麺"の味！

千切り
の梨が
入って
いるから

また
さっぱりと
甘くて
おいしいね

ここに来るとお母さんはいつもビビム冷麺※で
私たちは水冷麺食べてたでしょ

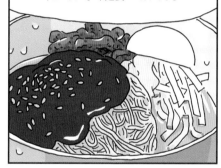

最近も家族で2週間に1回はここに来て
夫や子どもたちはキムパッやら寿司やら
スンドゥブチゲにトンカツも食べるけど

私はいつも
この水冷麺なんだ

熱々のスープも
一緒にね

そういえば、もしかして
水冷麺にゆで卵の黄身を
溶かして食べるのって
君の話？

え？ 何で
知ってるん
ですか？

※ビビム冷麺＝スープがほとんどなく、麺を辛い薬味ダレと絡めて食べる冷麺

ハンソル冷麺

한솔냉면
ハンソルネンミョン

住所：江南区狎鴎亭路165 現代百貨店 狎鴎亭本店B1
電話：02-3449-5593　営業時間：10:30〜20:00／不定休
HP：www.hyundaigreenfood.com/brand/hansolnoodle.html

1 "ハンソル冷麺は平壌冷麺ではない。全国各地の冷
麺の長所を集めアップグレードした最初のソウル冷
麺だ"と〈ハンソル冷麺〉のホームページに書いてあ
る。そば粉で作る平壌冷麺と違い、サツマイモの澱
粉で作る麺は透明でコシがある。温かい牛骨スープ
とともに出てくる。

2 1985年、現代百貨店狎鴎亭本店にて、15坪の場所
から始まった〈ハンソル冷麺〉は現在、千戸洞、木洞、
新村、汝矣島などにある現代百貨店のフードコート

で食べることができる。ソウルの他に韓国の富川、
大邱、高陽、蔚山にも支店がある。いずれの店舗も
タッチパネルで注文できる。

3 ピビム冷麺も本当においしい。混ぜて食べやすいよ
うに切り揃えられた具材が、冷麺の味をより豊かに
してくれる。写真は汝矣島（ヨイド）のザ・現代ソウル内
の支店で撮ったもの。

今日もニャムニャムニャム

第3話：奨忠洞 太極堂

※螺鈿＝夜光貝などの貝殻の真珠色に光る部分を磨き、さまざまな形に切って漆器などの表面にはめ込む、または貼り付ける伝統的な加飾技法

僕が20代後半だった
2003年、ハルト氏が
『eShip sum』という
CDを制作した時に
デザイナーとして
お手伝いを
したことがあった

時間的に
どのくらい
かかりますか？

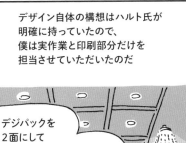

デザイン自体の構想はハルト氏が
明確に持っていたので、
僕は実作業と印刷部分だけを
担当させていただいたのだ

デジパックを
2面にして

CD盤面を
作って

シュリンクまですると
最長でも10日くらいで
できると思います

いい
ですね

韓国文化に深い関心と愛情があり
今回のCDジャケットは自ら撮影した
螺鈿漆器を使いたいとのこと

うむ

打合せ場所はどこが良いか
悩んだ末
この店にお連れした

うまく
いくかな？

ソウルで最古のパン屋
〈太極堂〉をぜひとも
ご覧いただきたかったからだ

今までも何度かお会いしていたが

2人きりでじっくりと
話をするのは初めてだったせいか

時々気まずい沈黙が流れた
まさにその時、今考えても本当に
バカな質問をしてしまったのだ

どんな話題を
振ればいいのか?

オレ
前衛音楽
なんて
何のこっちゃ
わからんし

ドイツの方
だから

ドイツと
いえば

う〜ん…

お、そうだ

ドイツの人は毎日ジャガイモと
ソーセージを食べるんですか?

28

そんなわけ
ないでしょ

そうなんすか?

ですよね…

それはまるで、ある外国人が自分に
こう尋ねることと同じではないだろうか

韓国人は毎日
ビビンバとプルコギ食べるんでしょ?

はあ?
そんな

バカな

自国の代表的な食べ物は
もちろんおいしいし、大好きだが
毎日同じものを食べるわけがない

じゃあ
何を
食べて
いるの?

韓国には
おいしい
もの
たくさん
あります

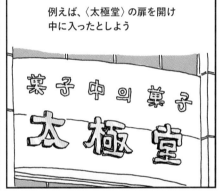

例えば、〈太極堂〉の扉を開け
中に入ったとしよう

菓子中의菓子
太極堂

このたくさんのパンの中からどれを選ぼうか?

すべてが魅力的でおいしそうなのだ
ちなみにパンのネーミングも不思議だ

そぼろ

リンゴ
ジャム

オランダパン

カス
テラ

バターケーキ

まず僕が選ぶ
推しパン第1位は、ほかでもない
野菜サラダパン

キャベツ、ジャガイモ、にんじん、ゆで卵、ひき肉を
マヨネーズで和えたサラダがパンにぎっしりと〜

パンの上に
甘い
カスタード
クリーム

重量
約500g

ずっしりとした重さ
まさにダンベルの
ごとし

조영규 2021.7.

20年ほど前、イラストレーターとして
働き盛りの社会人時代
〈太極堂〉の隣にあったデザインハウスに
出入りしていたのだが

キャベツが
コリコリ

ひき肉
の嚙み
ごたえ

行くたびに1つ買って
食べてたっけ

あの頃は
今より
コショウが
効いてて
鼻がツーンと
したなぁ

30

第2位は、父が特に好きなロールケーキ

オシャレな模様

シャクシャク
リンゴの
歯応え
自家製
ジャムが
たっぷり〜

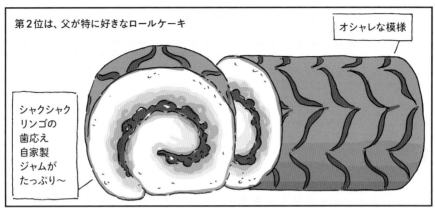

父曰く

ロールケーキ
にはジャムが
入って
いないとな〜

もちろんクリームの入った
ロールケーキもいいけど
僕も断然ジャム派だ

牛乳に
浸して
食べると
こりゃ
たまらん！

そして、うちの娘が好きな
モナカアイスも
外せない

まんまる
餅モナカも
おいしいよ

31

息子はここのバター食パンをどこの店の
食パンよりも素晴らしいと思っている

フワフワだから
一度に5枚は食べちゃうよ

生地に野菜が練り込まれた
野菜パンやレーズン入り茶色パン
とうもろこしの粉で作った滋養パンも美味

そうかと思えば、せんべい類も
パリパリと香ばしく
これまた素晴らしい

なるほど
お菓子の中の
お菓子だ!

僕が1番好きな南大門せんべい!
模様も大きさも国宝級なのだ!

僕は白いバターパンを
3回に1回は必ず食べるのだが

妻が食べるのはクリームパンだ

持った時の大きさとずっしり感で
そのおいしさが伝わってくる

クリーム
パンは
重さが重要

なぜなら、重さすなわち
クリームの量だから

なるほど！

メモメモ

あとは何があるかな？

ところで
パパ

なに？

もう
最後の
コマだよ

えっ
マジか?!!

ちょっと
待って～
!??!!

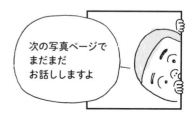

次の写真ページで
まだまだ
お話ししますよ

太極堂

태극당
テグッタン

住所：中区東湖路24ギル7
電話：02-2279-3152　営業時間：8:00〜21:00／旧正月・秋夕休

1 僕が一番好きな野菜サラダパン。後ろに見えるボックスは〈太極堂〉のせんべい詰め合わせ。似ているようでそれぞれ違う4種類のせんべいを味わえる。

2 野菜サラダパンの中身はこんな感じ。

3 オシャレなオリジナルマグカップに注がれた太極コーヒーはまさにミックスコーヒー※の味。左隣はクリームパンとバターパン。後方はバター食パン。

4 モンシルジャヤンパン（ふわふわ滋養パン）。茶色パンなど感性を刺激するネーミングと包装のデザイン。

5 〈太極堂〉のパンはイートインで食べるとさらにおいしい。手前のお皿は奥から白いモンブラン、ハニーシトロンと月餅。後方はクリームパン、あんパン、バターパン。レトロな赤いゼリーが乗ったモンブランは、不思議とクセになる味。

※ミックスコーヒー＝粉末の砂糖、ミルクが入ったスティック状のインスタントコーヒー

6

7 オランダパンの断面。りんごジャムがたっぷり染み込んだカステラを見ているとよだれが出てくる。

6 オランダパン。"オランダ"はネーデルランドの通称であるホランド（Holland）のポルトガル語読みで発音したものが元になっているそうだ。オランダパンのパッケージにオランダの民族衣装を着た女性が登場するのはそのためだ。

8 〈太極堂〉では古典的なデザインのバターケーキを食べることができる。これは2021年にイーマート（大型スーパー）とコラボしたもの。全国のイーマートの冷凍コーナーで購入可能だったが、現在はここでしか食べられない。

2015年、リニューアルする前に撮影した本店の外観。僕がデザインハウスに出入りしていた2000年代の姿がまさにこうだった。現在も同じ構造ではあるが、より端正でシンプルな外観になった。1946年明洞で創業し、1973年現在の奨忠洞に移転したそうだ。パンはもちろん、せんべいやアイスクリームもこの建物の中で作られている。

今日もニャムニャムニャム

**第4話：桃花洞（トファドン）
クルタリ食堂**

グルメ漫画を
描き始めて
はや15年あまり

読者から時々質問が届く

一番好きな
食べ物は
何ですか？

いつまで
丸坊主でいるのか
気になります

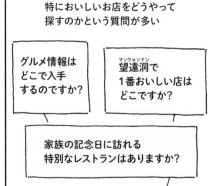

特においしいお店をどうやって
探すのかという質問が多い

グルメ情報は
どこで入手
するのですか？

望遠洞（マンウォンドン）で
1番おいしい店は
どこですか？

家族の記念日に訪れる
特別なレストランはありますか？

おいしいお店の基準は人それぞれだと
思いますが
僕の場合を言いますと

当たり前
っすよね？

① よく行く店

② 何気なく
ふと思い出して
行ったりする店

この2つ
です

38

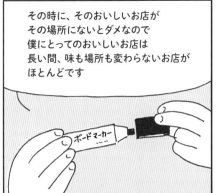
その時に、そのおいしいお店が
その場所にないとダメなので
僕にとってのおいしいお店は
長い間、味も場所も変わらないお店が
ほとんどです

このようなお店を知る経緯は
4つあります

まずは

① 両親と一緒に
幼い頃から
通っていた店

クッパ屋、冷麺屋
町中華が多いですね

② 友人、知人から
紹介された店

まわりにグルメな知人が
多いので
この漫画に1人ずつ
ご登場いただきますよ

③ 本、雑誌、新聞
など紙媒体の
情報を通して

特に20年以上前の
古いガイドブックが
好きです
すでに閉店したお店も
多いのですが

ずっと続いていて、かつ変わらぬ味を
提供してくれているとしたら
それはまさしくおいしいお店ですよね

伯披洪性裕
韓国おいしい店
777
1988年改訂版

全国150ヵ所の
グルメ店
(2008)

ブルーリボン サーベイ
ソウルのレストラン
2007

老舗
食堂100店

最後の4つ目は

④ テレビを見ていて我慢できなくなり駆け込んだ店

ぐぬぬ

4つの分布は
大体こんな感じ

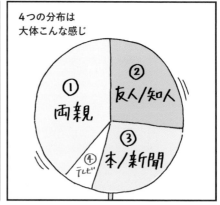

① 両親
② 友人/知人
③ 本/新聞
④ テレビ

テレビを見て知った
お店の中で
10年以上
通い続けている
お店はそう多くは
ありません

④ テレビ
本/新聞

今回みなさんにご紹介するお店は
その数少ないテレビで知ったお店です

④ テレビ

現在のようにモッパン※の番組が
乱立する前の2000年代初め
僕たち夫婦の新婚時代

いや〜

『VJ特攻隊』や『生き生き情報』のような
情報番組を見て知ったお店なのだが

これ絶対
食べに
行きたいん
だけど

どこかな？

※モッパン＝元々はテレビ番組で出演者が食事をする場面のことを指していたが、最近では食事の様子を
撮影した動画のことを呼ぶようになった。「食べる番組」（モッヌンバンソン）を縮めた言葉

調べるとうちと同じ麻浦区にあるではないか！

車で15分くらいか？

店の名前は〈クルタリ※食堂〉。当時は
その名の通り、地下横断道路にあったが
周辺地域の開発により近所に移転した

クルタリ食堂
→ 汝矣島
イーマート 麻浦店
S-オイル
5号線 6号線
← 梨泰院
孔徳駅

一番好きな時間帯は平日午前9時30分頃

식품

김치찌개전문
굴다리식당
신속배달

굴 다 리 식

김치찌개
제육볶음

子どもたちが学校に行き
夫婦2人で仲睦まじく

メニュー
キムチチゲ 8,000
豚肉炒め 11,000

キムチチゲモーニングを
楽しむのだ

玉子焼き
（つまみ用）
10,000

일월화수목금토
2021
□월
오전·오후
4:25

キムチチゲを
2つください

※クルタリ＝地下横断道路

41

長ーいキムチを1枚取り

ホカホカご飯にバウンドさせて

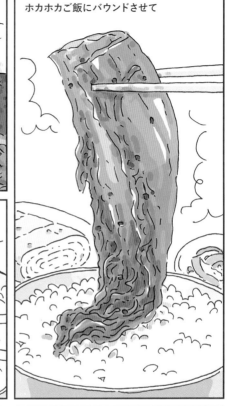

くるっと巻いて
食べるのが最高！

火にかけながら食べるチゲではなく
寸胴鍋で煮込んだものを取り分けてくれる

もぐもぐ

濃過ぎない
自然な味付けなので
まるで家で
食べているような
気分になる

ついてくるおかずの玉子焼きも
キムチチゲにぴったり

海苔で巻いて
食べるのも家っぽいね

ほんと

2人でキムチチゲ1人前と豚肉炒めを注文して
分けて食べることもできるが

お肉が
すごーく
分厚い
のです

チゲの中にも皮と脂身がついた豚肉が
たっぷり入っているので、僕たちはいつも
キムチチゲだけを2人前注文する

ちょっと物足りないかなと思ったら
チゲを少しだけ追加する

もっともらう？

今日はいいかな

終盤にさしかかる
頃合いを見て
汁を1杯
おたまですくい

シメはご飯に混ぜ混ぜ〜

朝ごはんもしっかり食べたし

よく食べたなー

私もー

僕たちに与えられた今日という1日を

感謝の気持ちで
元気に精一杯楽しく過ごそう!

ふう…
にしても
満腹で
眠気が

コンビニ
でお茶
しよか?

うん

クルタリ食堂

굴다리식당
クルタリシクタン

住所(**本店**)：麻浦区セチャン路8-1
電話：02-712-0066　営業時間：8:00～22:00／新・旧正月・秋夕休

1 キムチチゲを注文すると基本のおかずとしてついてくる玉子焼き。もっとくださいと言うと、もっとくれる。大きいサイズ（つまみ用）のものを個別で注文できるが、まだ試したことはない。

3 テーブルにはタッパーに入った焼き海苔が常備されている。

2 THE男飯な豚肉炒め。皮と脂身たっぷりの肉を使用している。おひとり様では厳しいが2、3人で訪れる際は挑戦してみる価値あり。

4 孔徳洞（コンドクドン）のクルタリ自体は撤去されて久しいが、クルタリを冠した店名は変わらない。

〈明洞餃子〉の
支店ですか？

はい

本店の
向かい側に
あるところ
ですか？

いいえ
梨泰院（イテウォン）に行く途中に
できたんですよ

全然
知りません
でしたが

龍山区庁（ヨンサングチョン）が
ある大通り
沿いなんです
けどね

クラウンホテル※1の
方ですか？

ええ
まさに
ホテル
の隣
ですよ

へえー

本店と

味も同じなん
ですよ

と、話す
この方は
出版社
ピアブックの
ハン・サンジュン
代表

2004年、出版社の編集者と
イラストレーターとして初めて出会い

カルグクス※
うまいっ
すよね

はぁ〜
あの麺の
ツルっと
した
喉越し！

はは

ピアブックを立ち上げた2014年からは
出版社代表と装丁デザイナーとして
付き合いが続いている

スープも
最高ですよね

うはっ

ズズズ

※1：現在は閉業
※2：カルグクス＝平麺を使った温かい麺料理

かなりの食通であり
校了後には一緒に食べ歩いたり

僕たちは
いつも
替え玉をするし
ご飯も入れて
食べるんですよ

食の情報交換をしたりしている
(ほぼ僕が教えてもらっているのだが)

わぁ
お腹いっぱい
なのに
替え玉もするん
ですか?

もっちろん
だって無料ですよ
もらわなきゃ損でしょ

無料?
替え玉が?

ご飯はいつも
無料でもらってたけど
替え玉もですか?

そうですよ

明洞本店より
車も駐車し
やすいし
穴場ですよ

ご家族と
一度行って
みてください

はい
必ず
行きます

やったね

今日も
とっておき
情報をゲット
できたぞ

今日もニャムニャムニャム

第5話：梨泰院洞（イ テ ウォンドン）
明洞餃子（ミョンドン）

6号線
ノッサピョン駅

명동교자

数日後、我々家族は〈明洞餃子 梨泰院店〉
に出動した

まずは
餃子から
いき
まーす

食べ
ましょ

いただきまーす

おいし
そう

これ本当うまいんだよな

本当に本店と同じ味だ

う〜ん

そうね

おう あっっ

お肉の味が濃くてめちゃくちゃおいしい

うーん、だな！

〈明洞餃子〉の思い出は、まるで巨峰のように大きくて甘い記憶の粒たちがふさふさ鈴なりになっている

全部で10個だけど

何個ずつ食べたらいいの？

子どもの頃、父と手をつないで来た店に

パパとママが2個ずつ食べるから

3個ずつ食べなさい

そしたらパパとママ足りないんじゃない

今、子どもたちを連れて来ている

ありがたや〜

あとで替え玉するし

たくさんお食べ

薄皮ワンタン4つ入りのカルグクスが登場！

まずはワンタンを1つすぐさま口に入れ

スープの中の肉と野菜を
よく混ぜたら

ヒヒッ
ちょー
うまそう

トロ〜リ濃厚スープに変身！

あ〜
この味だよ
ズズズ

ふぅー

鶏ダシベースのスープに、炒めた鶏ひき肉が
薬味になっているとは意外や意外

ニンニクと唐辛子がたっぷりの
浅漬けキムチは、軽く汁をふり払って

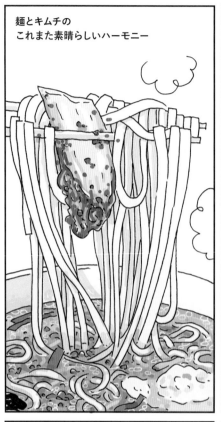

麺とキムチの
これまた素晴らしいハーモニー

ずるるるる

替え玉
するか？

アタシもう麺は大丈夫
あとでご飯入れて
食べるし

ずずずず

ジュンヨンは？

替え玉するー

よしっ

そして
麺を追加し
ご飯も入れて
食べた

うわぁ
本当に
いっぱいだ

しばしば本店と支店では
味が微妙に異なる場合があるが

〈明洞餃子〉は味も量もサービスも
100％一致

ズル
ズル

もぐもぐ

ひとつ違う点を挙げるならば
本店で食べたあとは
散歩がてら、食後のデザートを
楽しむことができるのだが

ふう

お腹
いっぱい
なんだ
けど？

ここには何もないのであった

ほんとに
何もないのなー

デザートどうする？

明洞餃子

명동교자
ミョンドンギョジャ

住所(梨泰院店)：龍山区緑莎坪大路136　電話：0507-1445-7302
営業時間：10:30〜21:30(休憩時間：15:30〜17:00)／旧正月・秋夕休

住所(本店)：中区明洞10ギル29
電話：02-776-5348　営業時間：10:30〜21:30／旧正月・秋夕休

1 〈明洞餃子〉を訪れる人の多くはカルグクスを食べるが、妻のようにビビン麺を好む人もいる。クロレラ入りの緑色の麺にタレをあらかじめ和えて提供する独特のスタイルだ。どんな味か妻に尋ねると「さっぱりしていておいしい」とのこと。

2 カルグクスとともに、〈明洞餃子〉のツートップといえば、まさにこの餃子だ。豚ひき肉とニラを薄皮で包んだキャベツのように可愛らしい形！ 濃い肉の味のすき間から香ばしいごま油がほのかに香り、五感を刺激する。

3 麺を食べ終えてから、ご飯を入れて食べる著者。丸い餃子がスープの中から顔を出している。温かいスープに浸しておいて、シメに食べる魂胆だ。

4 辛くてさっぱりとした浅漬けキムチ。僕的にはニンニクが結構多めに入っているな……という感じ。（申し

訳ないのだが）ちょっと水で洗って食べることも。それでも2皿はいけてしまう。

5 〈明洞餃子〉の明洞本店。歩いて2分のところにも支店がある。

気だるい日曜日の午後

どうせまた
開けるのに
閉じるってのは
ムダな労力
だな

へへっ
ほんとそう

家族4人で始まったせんべいパーティーも
いつしか娘と2人だけになり

生姜食べてたら
青のりの味忘れちゃったよ

じゃあ
もう1枚
食べる?

すでに10枚ほど食べたので
お開きにしようと

やっぱり
青のり
おいしい

ほのかな
のりの
香り

あと半分だけ食べるつもりが
結局、さらに5枚食べることに

ところで、知ってるかい?

?

生姜味がまた
うまいんだって

知ってるー

がさごそ　がさごそ

元々、生姜味のせんべいには
白くて甘いやつがついているけど

あんな
風に

甘くて
すごく
おいしいの

この店の生姜せんべいには
それがついていないんだよ

だから最初はちょっとがっかりしたんだ
パパだって、白いの大・大・大好きだもん

ぽり
ぽり

なんか
つまらん
味だな

ところが食べていると、ピリッとした辛味が
徐々にやってきて

ある瞬間、生姜の味が
一気に押し寄せるんだ

きゃお!

生姜味、絶対
おいしいよね?

激しく同意

ボリ

もぐ
もぐ

だからもう1枚
食べちゃおっと

ははっ

ボリ
ボリ

まだ食べてるの〜?

このお菓子の出どころは景福宮のそば、内資洞にある〈内資ピーナッツ〉

子どもの頃、父の車で市内を通る時車窓から看板を見たり

大人になって、光化門の書店や仁寺洞に行くバスの中から見て思ったっけ

ネジャ
ピーナッツ？
全くもって面白い
名前だよな

周りは全部
変わってるけど
あの店はずっと
一緒だな

さらに大人になって、運転しながら通りすがりにチラ見程度

いつもどこかに行く道すがら
車内から見かけるだけで
実際には、一度も行ったことがなかったんだ

そしたら、ある日
店の中に入ることになったんだな
それがいつかというと

いつかというと

まさに君が幼かった頃だよ
6、7歳だったかな？ 2人で入ったんだ

てへっ

店内には甘いお菓子の香りが
立ち込めていて

うわぁ

いらっしゃ
いませ

店の奥でおじいさんがせんべいを
一生懸命焼いていたんだ

不思議そうに見つめる君に

おじいさんが
焼きたてのせんべいを
1枚くれたんだよ

おかげでパパも
1枚もらえたけどね

ありがとう
ございます

普通このせんべいはサクサクしてるだろ

でも
焼きたては
温かくて
モチモチ
してるんだ!

どんなにおいしかったか!!

ここでしか
食べられ
ない味

内資ピーナッツ

내자땅콩

ネジャタンコン

住所：鍾路区社稷路111　**電話**：02-730-7239
営業時間：11:00〜18:00（休憩時間：12:30〜13:30）／日曜休

1 1974年から代々せんべいを焼くこの店。店内には色々なお菓子があるが、自家製は青のりせんべい、生姜せんべい、ピーナッツせんべいの3種類だ。僕たちは必ず3種類すべて購入する。

2 1番最初に売り切れる商品は青のりせんべい、最後まで売れ残ってしまうのは生姜せんべいだ。

3 午後に行くと、欲しいお菓子がすでに売り切れている場合があるので、確実に3種類のせんべいを味わいたいなら、午前中に行くことをおすすめする。カードは使えないので、現金を持って行こう。

今日もニャムニャム ニャム

第7話：茶洞（タドン）
武橋洞（ムギョドン） プゴグッチプ

♪♬♪〜

무교동
북어국집
(주)터줏골 since 1968

SINCE 1968

ここは僕の人生の中で、両親と足繁く
通っていた食堂3カ所のうちのひとつ

こんにちは

いらっしゃいませ

10代だった80年代半ばから
来ていたので30年は過ぎた

3名様
ですか？

はい

祖母とも一緒に来ていて
今は妻や子どもたちと来ているから

1つは
ネギ抜きで
お願い
します

はい

客としては親子4代に
わたっている

この食堂の特長は1つや2つではないが
まず料理の出てくるスピードが
某ファストフード店
より速い

席について食べる準備をしていると
いつのまにか干しダラスープが出てくる

やっぱ
速いな

ネギ抜きは
どなた?

いや〜

ネギ抜きは
ここです

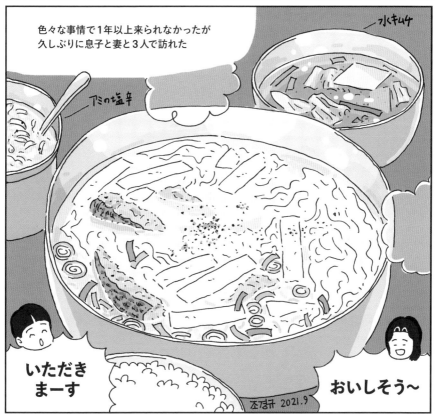

色々な事情で1年以上来られなかったが
久しぶりに息子と妻と3人で訪れた

水キムチ

アミの塩辛

いただき
まーす

おいしそう〜

조남주 2021.9

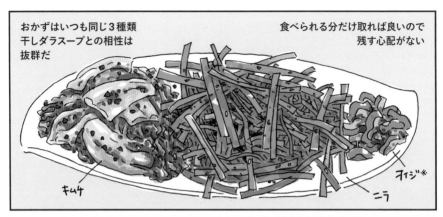

おかずはいつも同じ3種類
干しダラスープとの相性は
抜群だ

食べられる分だけ取れば良いので
残す心配がない

キムチ

ニラ

オイジ※

スープの味はアミの塩辛で調節する

ゴソッ

この
くらいで
いい
でしょ？

**入れ過ぎ
だって！**

へへっ
冗談だよ、冗談

この店のスープは干しダラでとる
すっきりと澄んだものではなく

あ〜
この
匂いね

牛骨を白濁するまで煮込んだスープなので
コクがあり、深い味なのだ

※オイジ＝きゅうりの漬物

そこに柔らかい豆腐と絹のようになめらかな卵、ふっくらとした干しダラの身がたっぷり入っている

メニューは、ひとつだけだが

干しダラのスープ
8,000

注文の仕方次第で
カスタマイズが可能

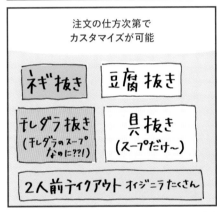

ネギ抜き　豆腐抜き
干しダラ抜き（干しダラのスープなのに??!）　具抜き（スープだけ〜）
2人前テイクアウト オイジニラたくさん

スープと具はおかわり自由だ

豆腐と卵とスープをもう少しください

おひとつですか？

ふたつです

おうちご飯のように温かくて懐かしい味!

向かいに派出所があり、僕は子どもの頃
警察官が団体で食べている姿を度々
目撃していた

コムグッシ屋
太平路
派出所
歩いて40秒の距離
1、2号線
市庁駅
プゴグッケプ

しかも、警察のおじさんたちが来ると
目玉焼きを1つずつ
サービスしているではないか！

ありがとう
ございます

ビョ〜ン

食べ
たい
よう！

目玉
焼き!!

大きく
なったら
警察官に
なるべきか？

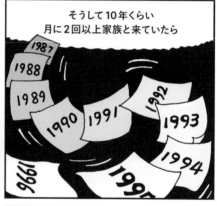

そうして10年くらい
月に2回以上家族と来ていたら

1987
1988
1989
1990
1991
1992
1993
1994
1996
1995

ある日、僕たちにも
目玉焼きを1つずつ
サービスしてくれるようになったんだ

父はまわりのお客さんに
申し訳ないと
いつも真っ先に食べていたが

72

僕は最後まで
取っておいて

ゆっくりその味を
楽しんだ

うわぁん

おいちー

結婚後、妻と2人で来た時

覚えてるかな？

いらっしゃいませ

2人です

まもなく届いた目玉焼きで
確認できた

覚えていて
くれたんだ

お客さんが
こんなに
多いのに

でも今日はとても久しぶりなので
忘れられているかも知れなかった

もう食べ
終わっちゃう
けど

目玉焼き
ほしいなー

しょうが
ないよね

うん

ずっと来て
なかったし

ありがたいことに覚えていてくれた

お子さんも半熟で
大丈夫ですよね？

はい

父は干しダラスープを食べ終わると
母が残したご飯1/3膳を

冷たい水キムチに入れて
食べたりする

スルスル

スルスル

息子はご飯を
半分スープに
入れて

残りの半分には目玉焼きをのせたあと

アミの塩辛を少し入れてよく混ぜて食べる

ちゃっちゃっ

まぜまぜ

もぐもぐ

おいしい?

ズズーッ

うん

ごちそうさま
でした

ありがとう
ございます

3名様
ですよね？

はい

お父さん
お元気ですか？

8,000

あ、おかげさまで

はい

ごちそうさま
でした

世の中には代々受け継がれる食堂があり
代々訪れる客がいる

これからはまた
ひんぱんに顔を
見せに来なくちゃだな

북어국집

SINCE 1968

~ ♪♪

武橋洞 プゴグッチプ

무교동 북어국집
ムギョドン プゴグッチプ

住所：中区乙支路1ギル38　電話：02-777-3891
営業時間：7:00〜20:00（土日祝：〜15:00）／旧正月・秋夕休

1 店に着くや、一番最初に目に入る光景はチラッと見える厨房だ。卵と豆腐を入れてダシ汁を補充し、干しダラのスープを作り、すぐさま器に注ぎ、お客さんに提供する。干しダラ抜き、豆腐抜き、具抜き、豆腐と卵2人分、ネギ抜きなど、様々な注文に合わせて一つひとつ作る姿がとても面白く、並んで待っている時間も退屈しない。食べている途中で追加したいものを注文すれば出してくれる。スープ、卵から干しダラまですべて追加できる。

2 席に座ると干しダラスープとともに取り皿を渡される。テーブルに常備されている3種類のおかず（キムチ、ニラ、オイジ）を好きなだけ取れば良いのだが、水キムチも1つずつ提供されるので、無理のない程度に取って食べよう。

3 建物の外で並ぶ時間はちょっと退屈ではあるが、回転率が良いので、思ったより速く列が進む。

今日もニャムニャムニャム

第8話：寛勲洞 クァンフン ドン
チョグム

青い空

紅葉する木々たち　　古宮が見える風景

昼休み時間を十分に残し
わざとちょっと遠くに車を停めて

国立現代美術館 ソウル　National

好きな街の路地を
愛する妻と2人で
ぐるりと散歩中

迷路のように複雑に続く
路地を歩いて

道に迷うこともあるが

まぁ、そんなことはどうでも良くて

スマホを取り出して
道を探すこともしない

ただ音をたよりに歩くと

さあ、みなさん
こちらを見て

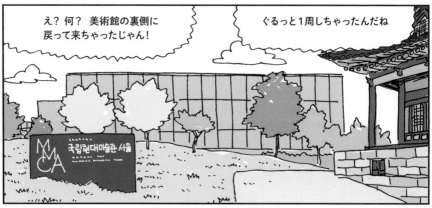

仁寺洞の入り口まで来て

入った店は小さな釜飯屋〈鳥金〉

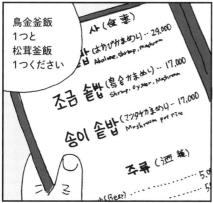

鳥金釜飯
1つと
松茸釜飯
1つください

松茸釜飯は20分ほど
かかりますが

大丈夫です

天然の松茸では
なくマッシュルーム
になります

知ってますよ

結婚前、デートの時に来ていた店だが

変わらないよね

うん

私は子どもの頃
お母さんと来てたよ

そうなの?
その頃から
あるんだ

代表メニュー、鳥金釜飯は
さまざまな具材がのっており
華やかで可愛らしい盛り付けが
まず目を楽しませてくれる

醤油を少しずつかけながら食べてもいいし

全部かけちゃって
底までよく混ぜて食べてもオッケ〜

82

僕のお気に入りメニュー
色々なキノコと根菜がいっぱいの松茸釜飯

2021.10.16.조금전

価格を見ると最初は少し
コスパが悪いと思うかもしれないが

中も普通の白ご飯ではなく
色々な具材がたくさん入っていて
食べているうちに段々満足感が得られる

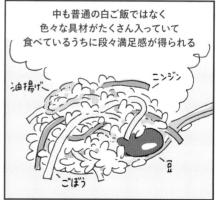

油揚げ
ニンジン
ごぼう
豆

ご飯もおダシで炊いているから
そのまま食べてもおいしい

量がちょっと少ないかと思いきや
お腹がふくらんできた

底の方におこげを発見
ガリガリはがして食べるとほんのり焦げた味が
香ばしく、ちょいしょっぱくておいしい

もぐもぐ

私のちょっと
焦げ過ぎ

ほんと？　あげようか？

ううん
もうお腹
いっぱい

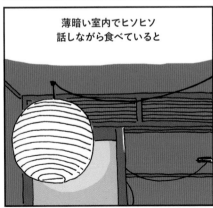

薄暗い室内でヒソヒソ
話しながら食べていると

昼なのか夜なのか、夏なのか冬なのか
忘れてしまうこともあるが

ごちそうさま
でした

外に出れば、また現実世界に
戻って来られる

うまかった

あ〜、眩しい

久しぶりに
仁寺洞少し
歩かない?

いいね

よさげな
デザートも
あったら食べよう

駐車
料金が
心配に
なって
きたな

新社会人だった21世紀初め
〈トト〉でめんことボードゲームの
デザインをしている時
よく来たっけ

あそこが
〈トト〉の店が
あった場所

その間に変わったところも
たくさんあれば

向こうの
〈トイン〉は
今もあるね

참! 잘했어요
토인

変わらないところもたくさんある

20年前に僕が作った看板
時間が経ってちと怖くなってる

チョグム

조금

住所：鍾路区仁寺洞ギル60 クラウンビル1F

電話：02-734-0783　**営業時間**：10:30〜20:30（休憩時間：15:00〜17:00）／無休

1 松茸釜飯。 **2** 鳥金釜飯。

3 口の中でとろけるアワビがどかんとのっているアワビ釜飯。

4 店の入り口の横に炭火焼きコーナーがある。ウズラ、鶏、ホタテ、銀杏などの串焼きから、イカの丸焼き（写真）まで注文次第、すぐに作ってくれる。酒の肴に最高とのうわさも。

5 イノシシの串焼きも珍味。

今日もニャムニャムニャム

第9話：芋洞 平来屋
（チョ ドン ピョン ネ オク）

을지로3가역

을지로2가
Euljiro 2(i)-ga

청계3가
Cheonggye 3(Sam)-ga

을지로4
Euljiro 4(sa)-ga
〈60〉

2号線
3号線
乙支路3街駅

先生

あ、クォンさん

お待たせして
しまって

いえ、僕も今
来たところです

즉시개통

でもこの辺り、本当に久しぶりなんですよ

そうなん
ですか？

고담기념관

私が以前新聞社に勤めていた時
この近所に会社があったんですよ

환영

을지골뱅이

へえ

いつ頃の話
ですか？

7、8年くらい
前ですかね

백병원
인제대학교

僕が
生まれた
病院

この方はカカオウェブトゥーンの
プロデューサー
クォン・ヨングク
さん

あ、看板も
そのままだ

５年間僕の担当プロデューサーであり
時々、一緒にご飯を食べる仲でもある

入りま
しょう

はい

その当時は
本当によく来ていたん
ですけどね

昼も来て
夜も来て

냉면·불고기

SINCE:1950

2267-

へへ

新聞社の仕事はハードでしたけど
ここに来るのが楽しみで

8백만 심향민의 대표 언론지

五道新聞

新聞社では
どのような
お仕事を？

写真記者
です

肉系のおかずがつくのは
ちょっと独特ですね
普通は野菜が主だから

でしょ

この鶏肉の和え物の中で
皮が一番好きなんですよ

今日は
ついてるね〜

こうやって
1つ
つまんで

2021.10.20. 盆唐チェ

オルガリ
白菜

冷麺には酢や辛子を入れずに
そのままの味で食べるのが
好きなのだが

大根なますを少し入れて
さっぱり感と酸っぱ味を足して

酸っぱ辛い鶏肉の和え物と
一緒に食べるのだ

うわんっ

ズルズルズルズル〜

ゴクゴクゴク

あ〜この味！

私にとって
これぞ
まさに
平壌冷麺です

ここで初めて
覚えたんですよ

そうだったん
ですね

僕は15年ほど前の一時期
熱心にこの店に通っていましたよ

肉類
平壌式寄せ鍋
プルコギ (1人 230g)
酒類

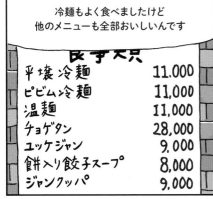

冷麺もよく食べましたけど
他のメニューも全部おいしいんです

食事類	
平壌冷麺	11,000
ピビム冷麺	11,000
温麺	11,000
チョゲタン	28,000
ユッケジャン	9,000
餅入り餃子スープ	8,000
ジャンクッパ	9,000

チョゲタン※
ですか?

チョゲタンは
もちろんですけど

僕はこの店のプルコギも
家のプルコギみたいで好きですし

特に一番好きなのが
クッパなんですよ
夏でも冷麺を食べる
人たちを横目に
クッパを食べに
来るんです

クッパ
となっ!

ズズズ

※チョゲタン＝鶏肉の冷製スープ

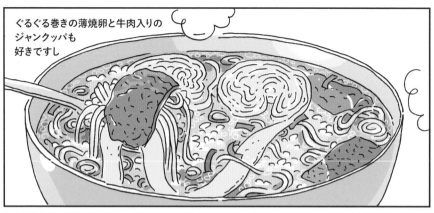

ぐるぐる巻きの薄焼卵と牛肉入りの
ジャンクッパも
好きですし

ユッケジャンも絶品です！

甘いネギがたくさん入っていて
最高〜

温麺もおいしそうなんですけど
メニューを1つに決めなきゃだから
なんだかんだと先送りにしていて
まだ食べていないんです

あー
温かいスープ
思い出す

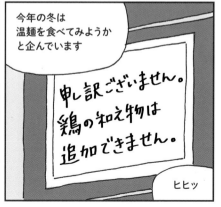

今年の冬は
温麺を食べてみようか
と企んでいます

申し訳ございません。
鶏の和え物は
追加できません。

ヒヒッ

あー
ごちそうさまでした

お茶しましょう

いいですね

昔を思い出しますね
転職してから足が遠のいていて
本当にしばらく
来られなかったんですよ

私が当時
住んでいた
マンションが少し
行くとあるんです
ホテルPJ明洞の
近く

行ってみます？

今から？

腹ごなしに
散歩がてら

ぜひ！

空が黄昏に染まり
さわやかな風も吹いてきて、いい気分〜

平来屋

평래옥
ピョンネオク

住所 (本店)：中区マルンネ路21-1　**電話：**02-2267-5892
営業時間：11:00〜22:00 (休憩時間：15:30〜17:00) ／日・旧正月・秋夕休

住所 (汝矣島店)：永登浦区国際金融路2ギル24 2F　**電話：**02-780-5006
営業時間：11:00〜21:30 (休憩時間：15:00〜17:00) ／日・旧正月・秋夕休

1 〈平来屋〉と言えば、冷麺よりもまず思い浮かぶのが、鶏の和え物。1人で来ても1皿、2人で来ても1皿だ。もっと食べたい場合は別に注文もできる。

2 僕が好きなジャンクッパ。何の変哲もないけど、さっぱりとした味が良き。ぐるぐる巻きの薄焼き卵も面白い。

3 汝矣島IFCモール隣の建物に支店がある。プルコギと冷麺が一緒になったプルコギセット（写真）、餃子と冷麺が一緒の餃子セットなど、ランチセットも用意されている。春雨とモヤシが入ったランチのプルコギは肉の量は多くないが甘くておいしい。

4 乙支路（ウルジロ）つぶ貝通り※の近くに位置する〈平来屋〉。看板には冷麺、プルコギと大きく書いてある。

※乙支路つぶ貝通り＝乙支路3街駅の近くに位置するつぶ貝のお店が集まる通り

今日もニャムニャムニャム

第10話：東橋洞（トンギョドン）
キム・ジンファン 製菓店

交換日記帳もあるね

にしても、なんでこんなに小さくて薄いんだ？

ほんと

交換日記帳

作った人もわかってるんだな
交換日記というものが長続きしないことを

ふふ

なに！ この手帳！
メチャきゃわっ！

裏には後ろ姿!!

これ
ホントに
買わ
なきゃ!!

名前も
"可愛い手帳"
だって

ははっ

自分と似たような
可愛いものを選ぶんだな

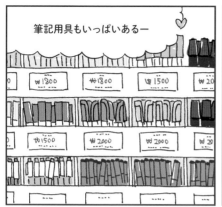

筆記用具もいっぱいあるー

W1800　W1800　W1500　W20

W1500　W2000　W2000　W20

アタシ絵を描く時に
使うペン
買わないと

パパも

どれにしよ？

큐 테스트루 구매바랍니다

ヒマな土曜日の午前

これで
お願いします

会員カードは
お持ちですか？

いいえ

文房具マニアの娘と一緒に
文房具ショッピングに来た

カード作るか？
自分の名前で

うん！

わーい！
本物のカードだ！

生まれてはじめての
本物の
ポイントカード

롯데

본사 직영점

裏面に名前を
書くんだぞ

どうやって？
ローマ字で？

ハングルでいいけどはっきりとは
書かずになんとなく筆記体っぽく

それでいて、ある程度
読める感じに

**わかる
その感じ！**

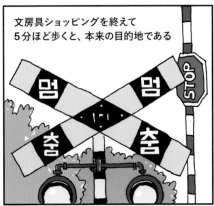

文房具ショッピングを終えて
5分ほど歩くと、本来の目的地である

小さなパン屋に
到着

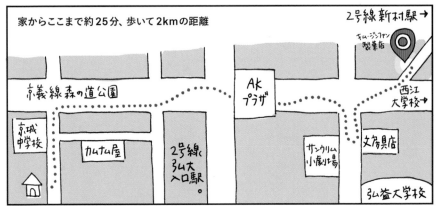

家からここまで約25分、歩いて2kmの距離

10軒余りある大小のパン屋を
やり過ごし、この店まで来る理由は

김진환 제과점

325-0

店の
パンの種類の
ごとく
シンプルだ

牛乳食パン	4100원
クルミモカパン	3900원
ショコラ	3900원
栗食パン	3700원
モカモーニングパン	2800원
アーモンドそぼろパン	1900원
モカエンドウパン	1900원
モカあんぱん	1900원

← パン屋
だけど
メニュー
がある

パンがおいしいから～

何にする？

特に食パンが

とりあえず
食パンは
買うとして

そぼろパンも
1つ買う？

いいよ

ジュンヨン
の好きな
ショコラ
は？

あとはママが好きなモカパンを
1つ買えばちょうどいいかな

僕が初めて訪れた20年ほど前は
食パン1種類だけだったが

食パンは
切りますか?

いいえ
そのままで
ください

ある日、そぼろパンが追加されてから
今ではなかなかのラインナップに

→アーモンドスライス

そぼろパンの上の
クッキー部分が
おいしいのは当たり前だけど
下のパンもしっとりと
柔らかくないとな〜

そうだね

サク
サク

でもこの店は食パンが
専門だからおいしいに
決まってるよ

おいしそう

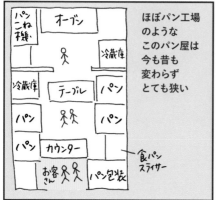

パンこね機

オーブン

冷蔵庫

冷蔵庫

テーブル

パン

パン

パン

パン

カウンター

お客さん

パン包装

→食パンスライサー

ほぼパン工場
のような
このパン屋は
今も昔も
変わらず
とても狭い

まる見えのその空間の後方では
キム・ジンファンおじさんが、白い
ユニフォーム姿で1人パンを作って
いる

食パンの間から、行ったり来たり
する姿が、チラチラと見える

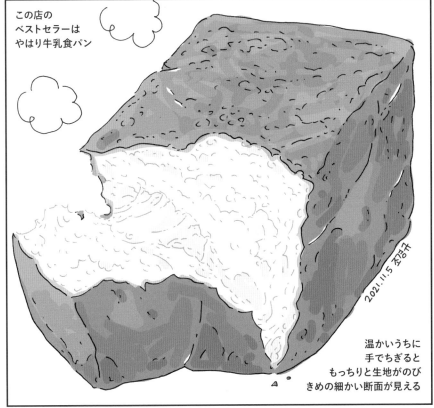

この店の
ベストセラーは
やはり牛乳食パン

2021.11.5 조경주

温かいうちに
手でちぎると
もっちりと生地がのび
きめの細かい断面が見える

ママと2人だった時は
ここに来ると食パン2斤買ってたよ

おいしいから?

トーストして食べるのもおいしいけど
焼きたてを手でちぎって食べるのが
最高においしいんだ

柔らかい中側と
パリッと香ばしい外側の対比!

噛めば噛むほど香ばしく、ほのかな甘み
もうどうにかなりそう

これが
幸せって
こと

人生
なんて
チョロい
もんさ

帰り道2人で少しずつちぎって食べてたら
家に着く頃には1斤なくなってるし

김진환 제과점
TEL : 325-0378

残りの1斤は家で食べるだろ
だから2斤買うんだよ

あはっ!

クルミがザクザク入ったクルミモカパンは
食パンみたいにしっとり
おいしいし

ショコラはチョコカステラみたいに
やわらかくてフワフワおいしい

クルミ

栗食パンは言うまでもなく

直接話したことはないが、キム・ジンファン
おじさんに会うたびに思うこと

ちょっとちぎって
食べてみよっか？

食パン
1斤しか
買ってないのに

いつまでもどうかお元気で
おいしいパンを作ってください〜！

だってさ、ここまで
2人で歩いて来たん
だから、そのくらい
いいでしょ

じゃあ、ほんの
少しだけ？

おいし〜

だろ？

FRESH OVEN BAKER
Kim Jin Hwan Bake
김진환제과점
☎ 325-0378

キム・ジンファン 製菓店

김진환 제과점

キム・ジンファン チェグァジョム

住所：麻浦区ワウサン路32ギル41

電話：02-325-0378　営業時間：8:00〜14:30／日祝休

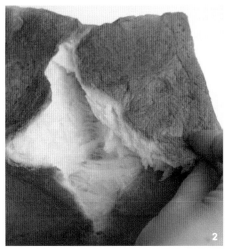

1 1日に数十回焼くというキム・ジンファンおじさんの食パン。小さい店内のあちこちで食パンを冷ましている。

2 きめが細かく、やわらかい食パンの生地。

3 コーヒーの香りがほのかに広がるクルミモカパン。少しずつかじって食べていると、いつのまにか消えている。

4 アーモンドスライスがさりげないアーモンドそぼろパン。

5 新村(シンチョン)駅の路地に位置するパン屋。昔の鉄道の線路をたどって行くと見つけやすいのだが、新村駅から歩くといつも迷ってしまう。路地を歩いていて、このピンク色の看板がジャーンと現れたら正解。

今日もニャムニャムニャム

第11話：延禧洞（ヨン ヒ ドン）
五香餃子（オ ヒャン）

五香
3ɜᴈ-ɜ7

この餃子屋に来るといつも聞くのは
どの餃子が一番食べたいか

息子は

ボク水餃子2人前!

妻は

私は焼き餃子

娘は

水餃子が1位で
2位は蒸し餃子

そうしたら

でもこの質問はそれほど重要というわけではない

どうせ全部食べるから〜

とりあえず
焼き餃子1人前
蒸し餃子と水餃子を
2人前にしようか?

うん

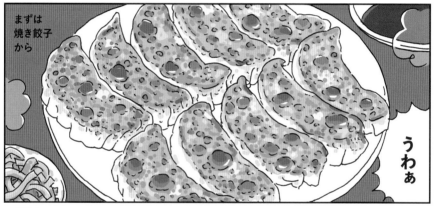

まずは
焼き餃子
から

うわぁ

韓国の大部分の中華料理店の焼き餃子が実は揚げ餃子なのに対して

いただきまーす

ママも

この店の焼き餃子は片面だけをフライパンで焼いた本物の焼き餃子なのだ

おいし
そう

この店の一番人気にふさわしく、味も最高

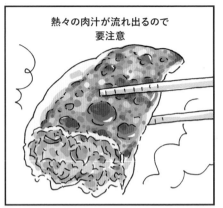

熱々の肉汁が流れ出るので
要注意

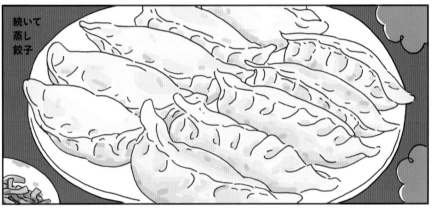

続いて
蒸し
餃子

焼き餃子と同じものを
蒸気で蒸したものだ

風味豊かな皮がモッチモチ～

餃子専門店のこだわりといえば
自家製の皮ではないだろうか?

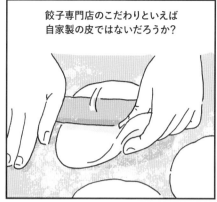

小麦粉の豊かな味と香りが
感じられるから

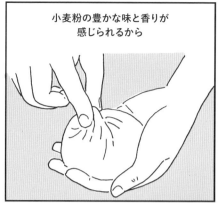

蒸しパンの
ような
肉まんも
ある

4種類の餃子の中で人気は最下位だが
これを食べないと何だか物足りない

これは熱々を
素手でつかんで
ハフハフ
しながら
食べるのが
うまいんよ

柔らかくてふわふわで本当においしい

ウンヨンはこの店のザーサイの和え物が
特にお気に入りだ

ザーサイもっと
持ってこよーっと

あ、
こっちにも
お願い

1人で2、3皿は食べる

これが
餃子と
相性抜群
なんだ

よく揉んで和えたものを水かけご飯と
一緒に食べてもおいしい気がするんだよな

持ってきたよ

サンキュ

子どもたちが赤ん坊の頃は
我が家の近く、東橋洞にあった

華南一

五香만두

餃子がおいしく、子どもたちに食べさせるにも
まろやかな味付けと素材の良さで
家族全員お気に入りの店だった

ぁーん

あ

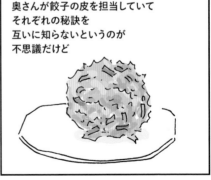

ご主人が餃子の具を
奥さんが餃子の皮を担当していて
それぞれの秘訣を
互いに知らないというのが
不思議だけど

2人仲良くスクーターに乗り、出勤する姿を
度々近所で見かけていた

そんなある日、店が突然消えてしまったのだ

えっ？　賃貸？

台湾に帰ってしまったとか
ご主人の健康問題だとか、噂は色々
聞こえてきたが、確かなことはわからなかった

いやだぁぁぁ

あなた？

好きなものをもう二度と味わうことが
できないという絶望感

大丈夫？

あなた

そうして何年か過ぎ
本当に奇跡のようなことが起こった

先生〜
〈五香餃子〉が
またオープンした
みたいですよ

えっ？
まじか？

歩いて20分ほどの距離の
サロガショッピングセンター 延禧洞店前に
また出店したというのだ

店の
広さも
メニューも
味も
同じだー！

113

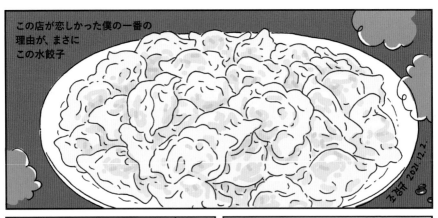

この店が恋しかった僕の一番の
理由が、まさに
この水餃子

すべすべとした
絹のような皮に

ニラと肉がぎっちりつまったビッグサイズ！

この水餃子無くして我々は生きていけるのか？

ちゅるるん

水餃子もう1回
いっとく？

いくいく

うまいだろ？

うん

でもなんで〈五香餃子〉って
いう名前なのかしらね?

餃子に五香が
入っているわけ
でもないのに

五香醤肉と餃子を
一緒に売っている
からじゃないの?

(オヒャンジャンユク)

まさかそんな
単純な理由で?

五香醤肉もおいしいが
僕たちは酢豚を好んでよく食べる

甘酢ソースが苦手なら
肉の天ぷらでもオッケー

手で持って食べると
熱さが直接伝わって
さらにおいしい

でもなんかもう少し食べたいなぁと思ったら
餃子をさらに追加するのも良し!

水餃子
ですー

やったー

ずーっと
食べつづけられるのね

五香餃子

오향만두
オヒャンマンドゥ

住所：西大門区延禧洞マッ路22 サムウォンビル1F
電話：02-326-2007　**営業時間**：11:30〜22:00（休憩時間：15:00〜17:30）／水曜休

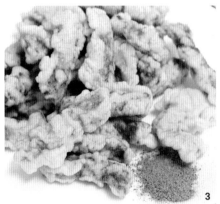

1 豚モモ肉で作った五香醬肉。肉はモチっと弾力があり、ソースもおいしい。

2 僕と息子が一番好きな水餃子。しかしお店での注文状況をよくよく見ると、ほとんどのお客さんが焼き餃子と蒸し餃子を注文するので、水餃子は3位っぽい。

3 甘酢ソースがかかった酢豚も良いが、シンプルな肉の天ぷらも美味。サクサクに揚げる技術と素材が素晴らしい。

4 2022年9月6日にご主人と奥さんは引退した。その後のある日、近所で犬を散歩させる奥さんと遭遇した。今までありがとうございましたと感謝の気持ちを伝えると、「むしろこちらこそ、お客さんに感謝していますよ」と言われてしまった。僕たちはただおいしく食べていただけなのに。いつまでもお元気で！ 店主は変わったが、今でも店は変わらぬ味を守っている。

5 おかずとキムチの味が店によって違うように、ザーサイも店によって味が違う。何回も取って食べるウンヨンに奥さんがいつも言っていた言葉を思い出す。「おいしい？ たくさん食べてね。私たちが家で食べているものと同じものを出しているのよ」

今日もニャムニャムニャム

第12話：草洞（チョドン）
東京うどん

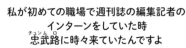

私が初めての職場で週刊誌の編集記者の
インターンをしていた時
忠武路（チュンムロ）に時々来ていたんですよ

大きな外付けハードドライブを
出力センターに持って行って
フィルムをプリントしていた時代です

忠武路にフィルムを渡しに行くって言うと
友だちに「え、アンタ映画の仕事してるの？」
って聞かれましたね

確かに昔は
忠武路と
いえば
映画でした
からね

それは
何年くらいのこと
ですか？

1999年から2000年
の間です。大学卒業
して社会人生活を
始めた頃です

僕もこのへんの印刷所に
通っていた時期がありましたよ
2002年から2005年まで

その前だと、この交差点には
映画を観に明宝劇場※に時々来ていました

その時僕も
このうどん屋に
何回か来ましたよ

結婚してからも
私と一緒に
2、3回
来たでしょ

いつもこうして並びますけど
回転率がいいから
すぐに席が空くと思いますよ

人によって頼むメニューが
似ているようで違うんだな
あれ見て

あ

※2009年に複合文化施設、明宝アートホールとしてリニューアルオープンしている

ご飯と
うどんを一緒に
食べる人も
いるんだな

コンニャクと
大きな大根も
1つ入ってる

ああ、あれはおでん定食ですね
うどんではなくご飯なんですけど
明太子もついてますよ

おほっ

おでん定食か…
知りません
でした

そう言われてみれば
ご飯を食べてる人も
結構いるのね

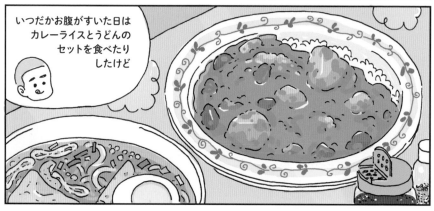

いつだかお腹がすいた日は
カレーライスとうどんの
セットを食べたり
したけど

実はカレーライスとうどんって
そんなに合うわけじゃないけど
どっちも食べたい時があるじゃないですか

ソンウン
さんは
主に何を
召し上が
るんですか?

私は
いつも普通の
うどんや
油揚げの
うどんですね

初めて来た時は
うどんが2,000ウォンでした

무조건
1,000원

골라잡아
무조건
2,000원

KANU
아메리카노

다이어리

1人でササッと食べるのに
ちょうどいいんです

と、話す
この方は
15年来の
友人であり同志の
ソンソンブックス
キム・ソンウン
代表

イラストレーター兼デザイナーとして
活動していた僕を35歳で
遅咲きの漫画家デビューへと導き

私の名前は
パンダダンス

チャイニーズ
ボンボンクラブ

オムライス
ジャムジャム

長い間、出版社の編集者として
働いていて、2017年に
小さな出版社を立ち上げてからは
僕の漫画を出版してくれている方だ

3名様どうぞ

はい

うわ、相変わらずやすいですね

うどん	4,000	カレーライス	5,000
油揚げうどん	4,500	おでん定食	5,000
おでんうどん	4,500	カレーうどん	4,500
天ぷらうどん	5,000	日本酒	3,500
いなり寿司	4,000	うどんカレーコンビ	6,000

有名な店　東京 우동집

悩んじゃうな〜
もう〜

私は油揚げうどん
にします

私も

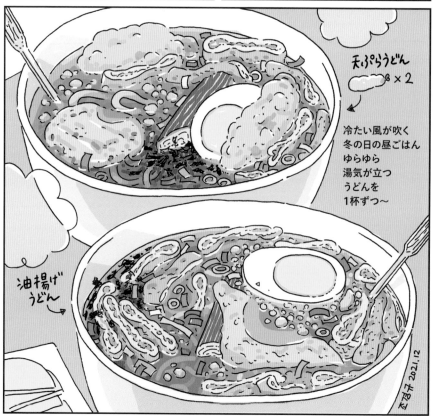

天ぷらうどん
×2

冷たい風が吹く
冬の日の昼ごはん
ゆらゆら
湯気が立つ
うどんを
1杯ずつ〜

油揚げ
うどん

죄경자 2021.12

ありきたりな味ではあるが
いなり寿司も頼んだ

いただきまーす！

ズズズ

あー おいしー

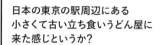

日本の東京の駅周辺にある
小さくて古い立ち食いうどん屋に
来た感じというか？

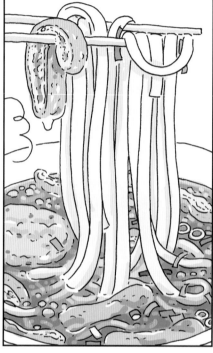

カレーの匂いがするから
カレー食べたく
なっちゃった

ズルズル
もぐもぐ

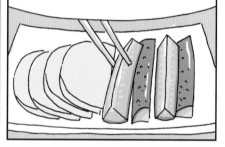

これはきゅうりの塩漬けとピクルスの
中間みたいな味でおいしいですよ
私が通い始めた20年前からあります

あと、あそこにステンレスのコップが
ありますよね？

あのコップに
日本酒を入れて
沸騰したお湯の
中に浸して
1杯ずつ
温めてくれるん
ですけどね

東京うどん

동경우동
トンギョンウドン

住所：中区忠武路48
電話：02-2274-3440　　**営業時間：**10:30〜21:00／日曜休

1 左ページの写真は天ぷらうどん。写真1は天ぷらうどんの箸上げカット。

2 明太子とご飯が一緒についてくるおでん定食。大きな大根も1つ入っていて豪華だ。

3 油揚げがたくさん入った油揚げうどん。甘く煮詰めた油揚げが入っている日本のきつねうどんに対し、韓国では油揚げをそのまま使う。ほかに練り物、揚げ玉、カニカマなどが入っている。

4 店内は狭い。4人用テーブルが2つある以外は、1人用のカウンターテーブルになっている。

5 乙支路3街駅8番出口を出るとすぐそこにある。この辺に仕事で立ち寄る際は、〈東京うどん〉がまだ営業しているか必ず確認している。ひんぱんに食べに行けなくとも好きな食堂がいつもその場所にあるということは、本当にありがたいことなのだ。

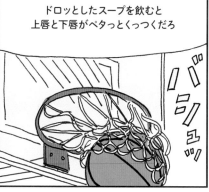

※トガニ＝牛の膝蓋骨とその周辺の肉

※ヘジャングク＝酔い覚ましスープ

60年以上トガニタンを
作り続けている店だけに

おいしくないわけがない

湯気が立ちのぼる
トガニタンを
1杯ずつもらい

ニンニクの
コチュジャン
漬け

조경규,
2022.1

塩をひと匙加え
かき混ぜる

まずはスープから

ススッ

次はトガニを1つ取り

むしゃむしゃ

う〜ん、プルプルで
うまいだろ？

うん

これが
トガニなの？

パパも
よく
わかんない
何がトガニで
スジで
筋肉なのか

でも実をいうと、昔ほど
スープがドロッとしていないなぁ

開店時間に合わせて来ちゃったからかな？
もっと遅い時間に来ればスープも
濃くなっているのか？

とは言ってもそんなに遅くに来られないよな
向かいの市場でクァベギ※
食べなきゃだし

完売したら店を閉めちゃうんだ
土曜の昼過ぎには
ほとんど売り切れ

そんなに
おいしいの？

それは5分後くらいに
自分で確かめてみ

そしたら
早く
行こう！
お店閉まっ
ちゃうよ！

5分後

モッチ
モチ
だぁ

※クァベギ＝ねじりドーナツ

大成家

대성집
テソンチプ

住所：鍾路区社稷路5
電話：02-735-4259 営業時間：10:30～20:00(休憩時間：14:30～17:00)／日曜休

1 白濁スープの中に具が隠れている。トガニタンは具の量によって、「普通」と「特」の2種類がある。

2 ご飯を入れるとスープはさらに白くなる。具を取り出し、ゆで肉のように、醤油をつけて食べても良いし、ご飯と一緒に食べてもおいしい。

3 トガニタンの他にヘジャングクを食べている人もたまに見かける。ソンジ※1、ウゴジ※2、豆もやしが入っていて奥深い味だ。

4 店の前に駐車スペースが少しあるが、常に埋まっている状態だ。

※1：ソンジ＝牛の血を固めたもの
※2：ウゴジ＝白菜、大根など漬菜の外側の葉や下葉部分

今日もニャムニャムニャム

第14話：五壮洞(オ ジャンドン)
興南家(フン ナム チプ)

子どもたちが学校に行くと
僕たち夫婦は昼ごはんをどうするか考える

今日は刺身冷麺が思い浮かんだので
五壮洞に向かった

冬の寒い日になぜ冷麺かって？

중구청

오장동 사거리
Ojangdong Junction
41

冬の冷麺屋はお客さんが少ないので
ゆったりとしていて居心地が良いのだ

もう着くよね
ここに来ると

おばあちゃんを思い出すなぁ

おばあちゃんは病院通いで水原から
ソウルに1年に数回来てたんだけど
私もお母さんについて
一緒に病院に行ったりしてたんだ

Since 1953

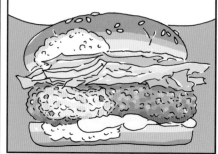

大好きなロッテリアの
エビバーガーを買ってもらえる日もあったり

でもほとんどは〈興南家〉の刺身冷麺を
食べに行ってたの。店主のおばあさんと
うちのおばあちゃんが仲良くて
よくおしゃべりしてたなぁ

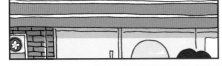

함흥냉면전문 **SINCE 1953**
오장동흥남집®

その時は辛くて全然食べられなかったけど
大学生になってからここの味を思い出して
わざわざ食べに来てたの

ハハ

刺身冷麺
2つ
ください

僕も小学生の時からこの辺りに来ていた
父は人混みを避け、冷麺屋が3カ所ある内
〈新昌麺屋〉に連れて行ってくれた
（残念なことに数年前に閉店してしまった）

最近、僕たちは刺身冷麺といえば、迷わず
妻の思い出が詰まった〈興南家〉に来る

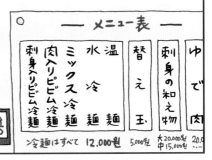

―― メニュー表 ――

刺身入りビビム冷麺　肉入りビビム冷麺　ミックス冷麺　水冷麺　温冷麺　替え玉　刺身の和え物　ゆで肉

冷麺はすべて 12,000원　5,000원　大20,000원 中15,000원　20,0...

窓の外を眺めながら
熱い牛骨スープを
飲んでいるうちに

あ〜
しみる〜

真冬の冷麺を
食べる準備が整った〜

ズズズッ

ごま油を少量たらし

ちゅー

私はごま油を
特別に
たっぷり〜

ごま油
マニア

砂糖をひと匙と酢を少し

僕は大根なますが好きなので替え玉をする
かわりに無料で1人分のなますをもらい
混ぜれば、自分好みの味に！
（きゅうりは除く）

チャカチャカと
ムラなく混ぜ

いただきまーす！

サツマイモの澱粉で
作られた
シコシコ麺は
ハサミで
切らずに
大きな
一口で

コリコリとおいしい
カレイの刺身が
たっぷり
入っていて

ズルズルズル

平壌冷麺が簡潔な弦楽四重奏だとしたら
咸興冷麺は色々な調味料が合わさった
40人編成のオーケストラだ

2008年の夏から3年間
北京に滞在していた僕たち家族は
韓国食が恋しくなると
中国人が作る韓国料理店や
北朝鮮の人が経営する食堂に
行ったりしていた

今度は
いつ
食べられる
かな?

おいしい
かしら?

平壌にある有名店〈玉流館〉の
最初の海外支店である北京店に
行くこともあったし

北朝鮮大使館近くにある
〈ハマナス〉にも何回か行った

シェフが全員、高麗ホテルと
羊角島国際ホテル (いずれも閉業) 出身の
〈ハマナス〉は格別においしかった

あら〜あの子
うどん食べてるの
見て〜
かわいい

ちゅる
ちゅる

メニューがあまりに多岐にわたっており
毎回行くたびに違うものを頼んでも
終わりが見えなかった

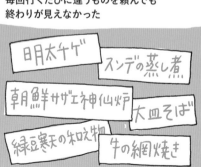

明太チゲ

スンデの蒸し煮

朝鮮サザエ神仙炉

大皿そば

緑豆寒天の和え物

牛の網焼き

妻と僕が特に好きだったのは
シャキッとさっぱりした北朝鮮式キムチ
(買って家で食べたりもした)

もちろん、ここの平壌冷麺も
好きだった

調味ダレ＝ネギ＋ニンニク＋
粉唐辛子＋塩＋ごま油＋
醬油＋ゴマ

ジャガイモ澱粉6：
そば粉4＋重曹

ダシ＋トンチミ※＋
醬油

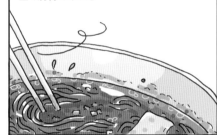

ツルツルした葛のような麺に
甘酸っぱい調味ダレのスープは
ソウルの穏やかな味付けの平壌冷麺とは
全く別物であった

5杯ほど食べたその瞬間から、味の虜となり
心から楽しめるようになった

ズルズルズル

食べると
口の
周りが
赤くなる

刺身冷麺は一度食べてみたが

想像通り、馴染みのある味だった

ガンギエイ
の刺身

スープ

ジャガイモの
澱粉で作るので
白く透明な麺

僕は1996年に北朝鮮で刊行された
『朝鮮料理全集』が、2000年に韓国版として
出版されたものを4冊持っているのだが

北朝鮮のコン・フンシェフに
よる刺身入り麺の作り方が
詳細に記録されている

タラ
（または
タコ、
ガンギ
エイ）

本の写真はこんな感じだ

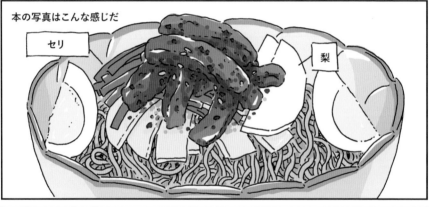

セリ

梨

その一方で1991年に亡命し
韓国に冷麺屋〈牡丹閣〉を開業した
キム・ヨンおじさんの料理本には
このような一説が出てくる

南では
刺身冷麺といって
ガンギエイの刺身の
和え物を添えて
出していましたが
スケトウダラの
馴れ鮨の味とは
比較になりません

スケトウダラの馴れ鮨は
生や冷凍のスケトウダラより
乾かした半干しスケトウダラで作る方が
おいしいです
酢に漬けた後、水気を十分に切れば
タレがよく染み込みます

冷麺と食べても
ご飯のお供としても
おいしいんだな〜

コダリ冷麺※1の
話をしてたら
束草※2の咸興冷麺屋
思い出しちゃった

束草
いいよな

ムール貝を入れて
煮込んだスープも
おいしいし

市場で売ってる
エビフライも
食べて

あんパンが
おいしい
パン屋さんも
あったよね

うちの子たちは、もうアバイスンデ※3を食べられるの？
いつも春雨入りのスンデしか食べないけど

この前
スンデスープ屋
で食べてた
じゃない

子どもたちを連れて
一度束草に
行かないとな〜

コダリ冷麺
食べてさ〜

おいしそ〜

※1：コダリ冷麺＝半干しスケトウダラの和え物を添えた冷麺 ※3：アバイスンデ＝豚の大腸を使った腸詰
※2：束草＝地名。江原道束草市（カンウォンド ソクチョシ）

興南家

흥남집
フンナムチブ

住所(本店): 中区マルネ路114
電話: 02-2266-0735　**営業時間:** 11:00〜20:30／水曜休

1 〈興南家〉にはのせる具材によって3種類のビビム冷麺がある。代表メニューは刺身冷麺だが、生魚が苦手な人は牛肉の薄切り肉がのっている肉冷麺を食べると良い。テーブルには酢、辛子、ごま油、砂糖、そして追加のタレが常備されてるので、好みに合わせて入れてみよう。

2 刺身も肉も食べたい人には、両方のったミックス冷麺がおすすめ。僕は主にこのタイプに属する。

3 湯気が立ちのぼるコクのある牛骨スープ。寒風の吹く冬にぴったりだ。

4 1953年から五壮洞通りを守っている本店。数年前から支店があちこちにできた。スターフィールド高陽店は家から近いため、度々訪れている。僕の舌を信じるなら、味は本店と同じだ。

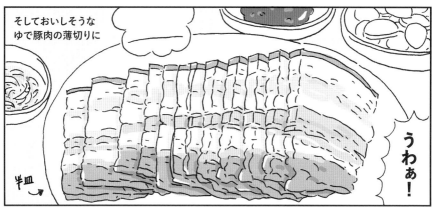

そしておいしそうな
ゆで豚肉の薄切りに

半皿

うわぁ！

アミの塩辛を
のせて
ハフハフ

温かい時は柔らかくておいしいけど
冷めると味が濃くなってもっと
おいしくなるよね

その通り！

ボクだって
知ってる
もんね！

う〜ん

ゆで豚
の脂が
ゆっくり
溶けていく
んだな〜

149

この店の冷麺は、僕がこの世で
愛してやまない冷麺のうちのひとつで

酢を入れるかわりに
大根キムチを入れて
旨味と酸っぱ味を足し

辛子のかわりに
粉唐辛子を入れるのが好きだ

パッパッパッ

水のように澄んでいながら
しっかりとした味のスープ

香ばしく柔らかいそば粉麺とのハーモニー

ちょっと味見してみ

わっ!

ジュンヨンはゆで豚好きだから

ゴクリ

まずは器を持ってスープを3、4口飲んで

ぐぅーーっと

はあ

ゆで豚を2切れ冷麺の中に入れて冷まして
おっ?
餃子スープが来た!

冷麺ももちろんおいしいが
今回ご紹介したいメニューは
この餃子スープなのだ

조경규 2022.1

パパ、おひとつどうぞ

おう、サンキュー

この店は僕の人生の中で、両親と
足繁く通った食堂3カ所のうちのひとつだ

僕の父は平壌生まれ
母の故郷はグルメで有名な
開城(ケソン)なので

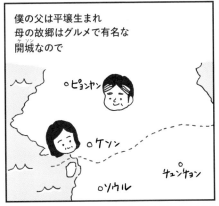

僕の家では新年になると
家族がテーブルを囲んで大きな餃子を包み
餅入り餃子スープを作る

豚肉
+
豆腐
+
モヤシ
+
ズッキーニ
+
ネギ
+
春雨

僕も40年以上、毎年（もちろん今年も）
家族全員で餃子を
作っている

この店の餃子は我が家の餃子の具材と
似ているので、ほぼ同じ味がする

うちでは
このように
丸く包みます

なので、餃子スープを思い出すとここに来る
大きな餃子が6個入っているので
大人が食べても
お腹が
いっぱい
になる
のだが

餃子マニアの我が息子は幼い頃から
1人で1杯完食していた

あはー

153

半分に割った餃子に
醬油を少したらし

スープも二匙ほど加えて
しっとりさせてから

もぐもぐもぐ

おいしい?

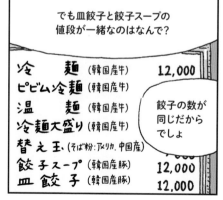

でも皿餃子と餃子スープの
値段が一緒なのはなんで?

冷　　麺 (韓国産牛)		12,000
ピビム冷麺 (韓国産牛)		
温　　麺 (韓国産牛)		
冷麺大盛り (韓国産牛)		
替え玉 (そば粉:アメリカ,中国産)		
餃子スープ (韓国産豚)		12,000
皿餃子 (韓国産豚)		12,000

餃子の数が
同じだから
でしょ

餃子スープにはスープとお肉も
入ってるよ

そうね

ほんと

餃子スープを注文して
餃子を取り出したら
皿餃子になるのに

賢い奴め

だな

シメにご飯を入れて食べれば
餃子スープ1杯を最後までしっかりと
味わったことになる

餃子を1つ残しておいて
ご飯と一緒にくずして食べるのが
我が家に3代続く伝統

そして最後に
取って
おいた

ゆで豚を
デザートに〜

〈太極堂〉でデザート
1個ずつ食べようか?

やったー!

そういうことなら、〈太極堂〉に着くまで
豚の脂身を飴のように優しく
溶かしながら味わうとするか。ふふ

ふふふっ

まだ食べてんのか??

ニヤリ

平壌麺屋

평양면옥
ピョンヤンミョンオク

住所：中区奨忠壇路207
電話：02-2267-7784　営業時間：11:00～21:30／無休

1 ゆで豚肉の薄切りを半皿分。熱々で提供されるので柔らかい。冷やしてモチモチ食感を味わいたかったら冷麺のスープに浸しておくと良い。透明だった脂肪が白く固まりスープに浮いてくる。息子が特に好きな味だ。

2 こんなにも透き通った美しいスープ!

3 父はこの店に来ると、温かいそば粉麺に醬油を少したらして食べる。僕と息子も自然に真似するようになった。

4 きゅうりなし、大根追加、粉唐辛子をパパッと振りかけた僕の冷麺。

冷たい空気に真っ青な空
冬のある日の昼時間

第16話：禾谷洞 全州骨付きヘジャングク

전주 뼈해장국 감자탕

원조 뼈해장국 전문

포장해드립니다

今日のメニューは
迫力満点
豚の背骨入り
ヘジャングク

いただきまーす！

骨から肉がホロリと
うまくはずれる日もあれば

そうでない日もある

何だ？　兄貴の骨には
肉がたくさんついているな

もぐもぐもぐ

24時間営業の店だから
時間帯によって
違うのか

着用
화자제

ウゴジの追加は
ありません
ー申し訳ございませんー

おかずの追加は

確かにその日の運に
左右される
ような気がする

父と我々2人の息子は2カ月に
一度会い、昼食を共にする

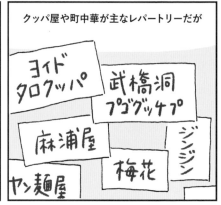

クッパ屋や町中華が主なレパートリーだが

ヨイド
タロクッパ

武橋洞
プゴックケプ

麻浦屋

ジンジン

梅花

ヤン麺屋

今日は肌寒かったので
ここに来ることになった

この店も
80年代後半から
利用しているので
いつのまにか
30年が過ぎた

兄の末娘、ヒョンジュは
今、小学校5年生だが

アタシ2人前は食べられるよ!

うちの子たちも
みんな好きだよ

辛いだろうに
ジュンヨンも食べる
ようになったのか?

大好物でしょ

後で包んでもらうから
持って帰りなさい

はーい

最近ではデリバリーやテイクアウトが
一般的となり、システム化されているが

僕が中学生だった大昔は、鍋に入れて
持ち帰ったりしていた

うわ！
あつ！

しっかり
持て！

食べ盛りの頃は、兄と10日に一度の割合で
食べに行ってたなぁ

夜の
10時に
夜食で〜

楽しいな〜

その時はメニューに「酒の肴スープ」という
ものがあった。ご飯はついていないが
骨がいくつか
入っていて

ちと
オーバー
だが
こんな
感じ

酒の肴スープにご飯を1膳注文して
食べたら、まさにこの世の天国だった

ふぅー
腹ぱん
ぱん

背骨も
当然
好き
だが

この店の名物は、この金棒のような
ゲンコツ※なのだ

ドドーンッ

※ゲンコツ＝豚の大腿骨・脛骨

骨の中につまった骨髄は
珍味中の珍味

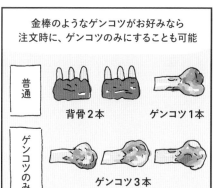

金棒のようなゲンコツがお好みなら
注文時に、ゲンコツのみにすることも可能

普通　背骨2本　ゲンコツ1本

ゲンコツのみ　ゲンコツ3本

あれ？　父さんはウゴジを先に食べてから
肉を食べるの？

そう
だよ

俺はウゴジを食べてから
肉を全部骨からはずして食べて
最後はスープにご飯を入れて食べるよ

①

②

兄と僕は適当に肉を骨から
はずして
食べながら

♪

スープの中に肉を大事にキープしておく

ふう〜、ついに骨から肉をはずす作業が終わったぞ

オレも

手をきれいに拭き

すみません、スープを少し足してください

ご飯を投入

ヨイショっと

熱いスープを追加すれば

あっ あっ

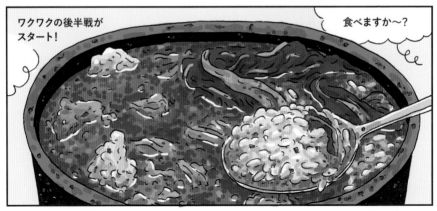

ワクワクの後半戦がスタート！

食べますか〜？

全州骨付きヘジャングク

전주뼈해장국
チョンジュピョヘジャングク

住所：江西区江西路5ギル10
電話：02-2602-4189　営業時間：24時間／無休

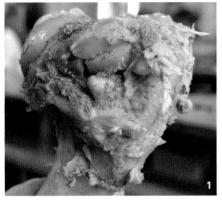

1 これがまさにこの店の看板メニューのゲンコツ。膝関節部分と思われる。通常はゲンコツが1本ずつ入っているが、苦手な場合は背骨のみの注文も可能。

2 ゲンコツの中の骨髄。

3 これはゲンコツだけが3本入っている骨付きヘジャングク。3人の場合、これを1つ注文すれば1人あたり2本ずつゲンコツと背骨肉を食べることができる。

4 肉をある程度やっつけたら、ご飯を入れるタイミング。

5 地下鉄5号線カチ山駅から歩いて5分。看板が派手な店が多い街なので、こんなに真っ黄色な看板でも見逃してしまうことがある。

今日もニャムニャムニャム

第17話：漢江路（ハンガンロ）
オソルロク1979

私はサムダヨン※にします

삼다연
Samdayeon

じゃあ僕はセジャク※で

はい

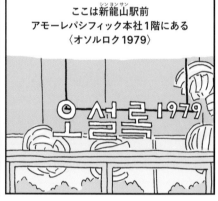

ここは新龍山駅前（シンヨンサン）
アモーレパシフィック本社1階にある
〈オソルロク1979〉

오설록1979

家族との済州島旅行の思い出が詰まった
アフタヌーンティーセットがあると聞いて
立ち寄ったのだ

あー
お茶が
おいしい

ススス

ティーセットです

わぁ

※ともにオソルロクのオリジナルティー

済州キジョン餅※サンドイッチ　コーンチーズキジョン餅　ニラクリームキジョン餅

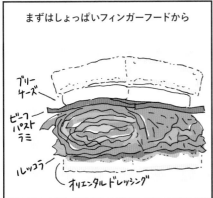

まずはしょっぱいフィンガーフードから

ブリーチーズ
ビーフパストラミ
ルッコラ
オリエンタルドレッシング

パンじゃなくて
お餅だけど
よく合ってるね

うん、餅と聞いて
ちょっと重いかなと
思ったけど
軽いね

全粒粉クラッカー＋アボカドディップ

4色
クリーム
タルト

エゴマの葉ペーストシュー

マスカット＋レインボートマト

※キジョン餅＝マッコリで作った伝統発酵餅

アボカドとサラミかな？
クラッカーにつけて食べると面白いね

エゴマの葉のクリームペースト？

うわーこれはちょっと独特だな

桜の生クリームケーキ

ミカンのボンボンショコラ

椿のタルト

ブルーベリームース＋梨のババロアクリーム

う〜ん

チェリークリームのケーキもトロけるおいしさ

ミカンの形のチョコの中からは
冷たいミカンピューレがあふれ出すぅ！

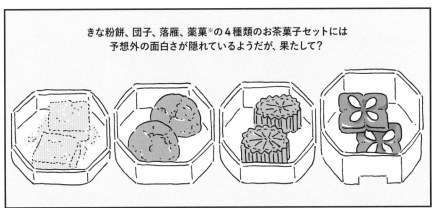

きな粉餅、団子、落雁、薬菓※の4種類のお茶菓子セットには
予想外の面白さが隠れているようだが、果たして?

お? これ見た目はきな粉餅だけど
きな粉をまぶしたマシュマロだ

ほんと

これは薬菓
じゃなくて
キャラメリゼした
ピーナッツ
クッキーで

これも
形は落雁だけど
抹茶チョコレートだ

一つひとつ繊細に
作られているね

ねー

でも
甘いの
ばっか
だな

もうちょっと
しょっぱいのが
あったら
いいのに

ぼく
スイーツ
めっちゃ
好き
だけど

そう?

※薬菓＝小麦粉に蜂蜜やシナモンを加えた生地を揚げた伝統菓子

ソウル市内のビルの中にあるため
展望は望めないが

お茶を
もう少し
召し
上がれ〜

良かろう!

済州島の緑茶を飲んでいると

ズズズ

この前、済州島旅行で立ち寄った
茶畑が目の前に広がるようだ!

〈済州オソルロクティーミュージアム〉に入り

OSULLOC
TEA MUSEUM

ママ
こっち!

お待たせ〜

妻と僕はお茶を1杯

洛州火山岩茶

緑茶
ソフトクリーム

子どもたちは
緑茶オーフレドを
1杯ずつ

緑茶
シェイク

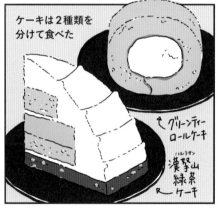

ケーキは2種類を
分けて食べた

グリーンティー
ロールケーキ

ハルラサン
漢拏山
緑茶
ケーキ

人は多かったけど、ひと息つけて
楽しめた時間がとても良かったのだ

オーシャー
ロックじゃ
なくて
オソルロク

オーシャー
ロックでしょ?

おい、どこの
シャーロックホームズ
だよ

じゃあ
オソルロク
って何?

以前もソウルでいくつかの
〈オソルロク〉支店に行っていたが
済州島旅行の後だからか、余計に嬉しかった

あ、
あそこにも
〈オソルロク〉
見っけ

あそこで
デザートに
しよっか?

道すがら〈オソルロク〉を見つけては入り

ガラス張りの2階の窓際に座り
行き交う人たちを眺めながら

大きなカップになみなみと
注がれた抹茶ラテを飲んでいると
時間が止まったような気分になる

ズズ

ズズズ

コーヒーよりお茶好きの1人として

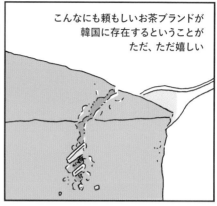

こんなにも頼もしいお茶ブランドが
韓国に存在するということが
ただ、ただ嬉しい

伝統にとどまらずチャレンジングな
新メニューが斬新で可愛らしくもあり

こうして見てるとお茶を飲まずに
ソフトクリームだけを食べている人も
多いのね

ほほう

次は我々も
そうしよう！

オソルロク 1979

오설록 1979

住所：龍山区漢江大路100 アモーレパシフィック1F
電話：070-5172-1171
営業時間：10:00〜19:00（土日：10:00〜20:00）／無休

1 抹茶ラテと漢拏山〈ハルラサン〉緑茶ケーキ。チョコレートと緑茶のジェノワーズ生地に緑茶クリーム、チーズクリームが層になり、多彩で重厚な味を届けてくれる。済州の玄武岩と茶畑をイメージして作られたのだそう。

2 緑茶オーフレドとグリーンティーロールケーキ。

3 新茶で作る、色が美しく、まろやかな味のセジャク。

4 天井が高く、広い空間の〈オソルロク1979〉の店内。

5 アモーレパシフィック本社ロビーの全景。

SE☺UL マッチプMAP

① カムナム屋
　運転手食堂
② ハンソル冷麺
③ 太極堂
④ クルタリ食堂
⑤-A 明洞餃子 本店
⑤-B 明洞餃子 梨泰院店
⑥ 内資ピーナッツ
⑦ 武橋洞 プゴグッチプ
⑧ チョグム
⑨ 平来屋
⑩ キム・ジンファン
　製菓店
⑪ 五香餃子
⑫ 東京うどん
⑬ 大成家
⑭ 興南家
⑮ 平壌麺屋
⑯ 全州骨付き
　ヘジャングク
⑰ オソルロク1979

※主要駅のみ表示しています

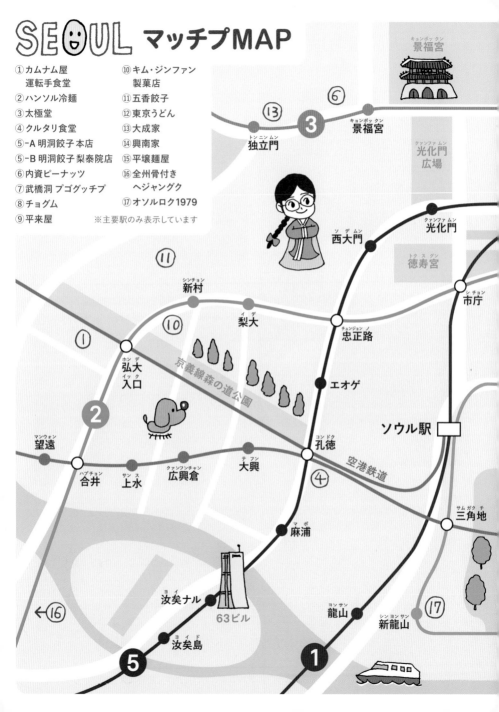

キュンボックン
景福宮

⑥

⑬　③

トンニンムン
独立門

キュンボックン
景福宮

クァンファムン
光化門
広場

⑪

シンチョン
新村

⑩

イ デ
梨大

ソ デ ムン
西大門

チュンジョン ノ
忠正路

クァンファムン
光化門

トクス グン
徳寿宮

シチョン
市庁

①

ホン デ
弘大
イック
入口

京義線森の道公園

エオゲ

ソウル駅

②

マンウォン
望遠

ハプチョン
合井

サン ス
上水

クァンフンチャン
広興倉

テ フン
大興

コン ドク
孔徳

④

空港鉄道

サムガク チ
三角地

←⑯

汝矣ナル
ヨイ

63ビル

麻浦
マ ポ

ヨンサン
龍山

シンヨンサン
新龍山

⑰

⑤

汝矣島
ヨイド

①

今日も ニャムニャムニャム

2024年7月17日　初版第1刷発行

文・絵：チョ・ギョンギュ
写真：パン・ヒョンソン
翻訳：こまつようこ、チャ・ジヨン
装丁・DTP：小松洋子
校正：株式会社ぷれす
制作進行：關田理恵

発行人：三芳寛要
発行元：株式会社パイ インターナショナル
〒170-0005 東京都豊島区南大塚2-32-4
TEL 03-3944-3981　FAX 03-5395-4830
sales@pie.co.jp

印刷・製本：シナノ印刷株式会社

©2024 PIE International
ISBN978-4-7562-5912-7 C0026
Printed in Japan